¿QUIÉN PREPARÓ MI ALMUERZO?

DEL MAÍZ A LOS CEREALES

POR MARI SCHUH · ILUSTRADO POR JEANINE MURCH

AMICUS ILLUSTRATED es una publicación de
Amicus Learning, un sello de Amicus
P.O. Box 227, Mankato, MN 56002
www.amicuspublishing.us

LIBRARY OF CONGRESS CATALOGING-IN-PUBLICATION DATA
Names: Schuh, Mari C., 1975- author. | Murch, Jeanine Henderson, illustrator.
Title: Del maíz a los cereales / by Mari Schuh ; illustrated by Jeanine Murch.
Other titles: From corn to cereal. Spanish
Description: Mankato, MN : Amicus Illustrated, [2025] | Series: ¿Quién preparó mi almuerzo? | Translation of: From corn to cereal. | Audience: Ages 6-9 | Audience: Grades 2-3 | Summary: "A child wonders where cereal comes from and learns about the jobs of a corn farmer, a miller, and cereal factory workers as they describe the steps in making cereal. A great story to support farm-to-table education, this illustrated narrative nonfiction book includes a world map of where corn is grown and a glossary. Translated into North American Spanish"— Provided by publisher.
Identifiers: LCCN 2024020231 (print) | LCCN 2024020232 (ebook) | ISBN 9798892003674 (library binding) | ISBN 9798892003711 (paperback) | ISBN 9798892003759 (ebook)
Classification: LCC TP435.C67 S3818 2025 (print) | LCC TP435.C67 (ebook) | DDC 664/.7—dc23/eng/20240513

EDITORA: Rebecca Glaser
DISEÑADORA DE LA SERIE: Kathleen Petelinsek
DISEÑADORA DEL LIBRO: Kim Pfeffer

Impreso en China

PARA HARPER Y LILLY—M.S.

ACERCA DE LA AUTORA

El amor de Mari Schuh por la lectura comenzó con las cajas de cereales en la mesa de la cocina. Hoy es autora de cientos de libros de no ficción para lectores principiantes. Vive en el Medio Oeste con su marido y su atrevido conejo doméstico. Mari cree que los cereales son ideales para desayunar, almorzar o cenar.

ACERCA DE LA ILUSTRADORA

Jeanine Murch es una ilustradora enamorada del arte, los libros y los cuentos. Vive en Pittsburgh, Pensilvania, con su marido, sus dos hijos y el cachorro más mimoso del mundo, que inspiran su trabajo. Cuando no está haciendo arte, suele soñar despierta con su próxima aventura.

Los cereales son una parte importante del desayuno. Son sanos y están listos para comer. Pero, ¿y si tuvieras que cultivar tú mismo el maíz? ¿Y si tuvieras que hacer tú los cereales?

Agarra un sombrero y prepárate para cultivar en Illinois. Muchos cereales para el desayuno están hechos de maíz. Illinois es uno de los principales productores de maíz de Estados Unidos.

En la primavera, siembra las semillas. Conduce un tractor para tirar de una máquina llamada sembradora. Siembra las semillas en los lugares adecuados. Cada semilla tiene espacio suficiente para crecer.

Los trabajadores también fabrican cereales a partir de granos como el trigo, la cebada, la avena, el arroz y el centeno. Pero ahora estamos cultivando maíz para nuestros cereales. Empecemos.

trigo

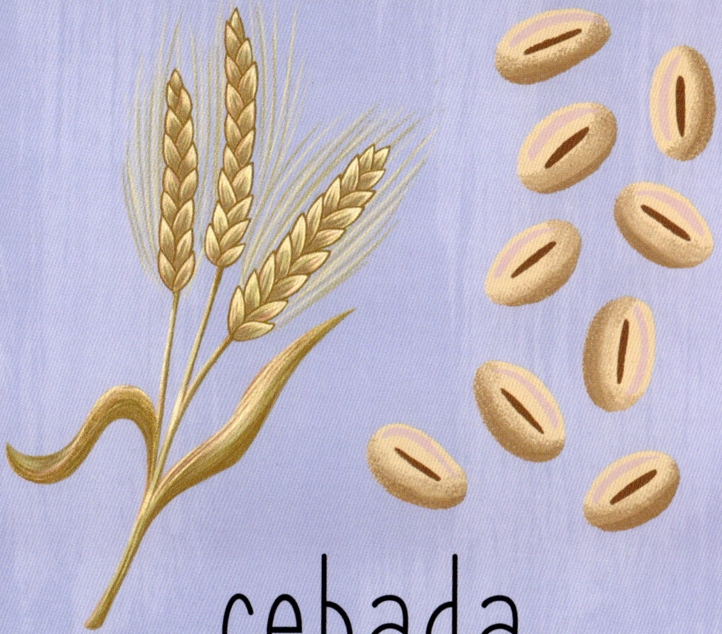

cebada

arroz

centeno

El cálido sol madura el maíz. Disfruta ahora de sus brillantes colores. En el otoño, los tallos de maíz estarán secos y dorados. Los granos estarán duros y secos. Entonces será el momento de cosechar.

Para cosechar, conduce una máquina llamada cosechadora. La cosechadora corta el maíz fila por fila. Quita las hojas y pone los granos de maíz en la tolva. Corta la planta de maíz y la esparce por el campo.

Después de la cosecha, puedes guardar el maíz en un silo. También puedes llevar el maíz a un elevador de grano para venderlo inmediatamente.

Siguiente parada: el molino. Ahora eres un molinero y te aseguras de que las máquinas hagan su trabajo. Las máquinas criban y limpian los granos de maíz. Quitan la cubierta exterior, la cáscara, de los granos.

Las máquinas separan las tres partes de los granos de maíz: el salvado, el germen y el endospermo. Utiliza el endospermo para hacer sémola de maíz. Envía la sémola de maíz a una fábrica de cereales. ¡Ya están listos!

En la fábrica, te asegurarás de que las máquinas mezclen la sémola de maíz con agua, sal, azúcar y malta. A continuación, cuece la sémola de maíz al vapor en una olla a presión giratoria. Unas dos horas después, están blandos y dorados.

A continuación, se deja enfriar la sémola de maíz. Después, observa atentamente el recorrido de la sémola de maíz en una cinta transportadora. Algunos granos se quedan pegados. No hay problema. Una máquina rompe los grumos.

A continuación, seca la sémola de maíz. Las máquinas hacen el trabajo duro. Luego, deja que la sémola se enfríe de nuevo.

Los rodillos metálicos aplastan los granos. ¡Ya está! Ahora son copos finos. Otros cereales adquieren formas diferentes. Algunos pueden convertirse en hojaldres redondos o cuadrados.

Ahora los copos de maíz están listos para tostarse. Una corriente de aire caliente los calienta suavemente. Aporta nutrientes adicionales a los copos de maíz. Rocíalos con vitaminas y minerales.

Inspecciona los copos de maíz. A continuación, envasa los copos de maíz enfriados en bolsas y cajas. Envíalos a los supermercados para que la gente los compre.

¡Casi listo!

Gracias a los agricultores, molineros y obreros de las fábricas, tienes cereales crujientes para comer. Abre una caja y disfruta de un bol de copos de maíz. ¡Más leche, por favor!

¿DÓNDE SE CULTIVA MÁS EL MAÍZ?

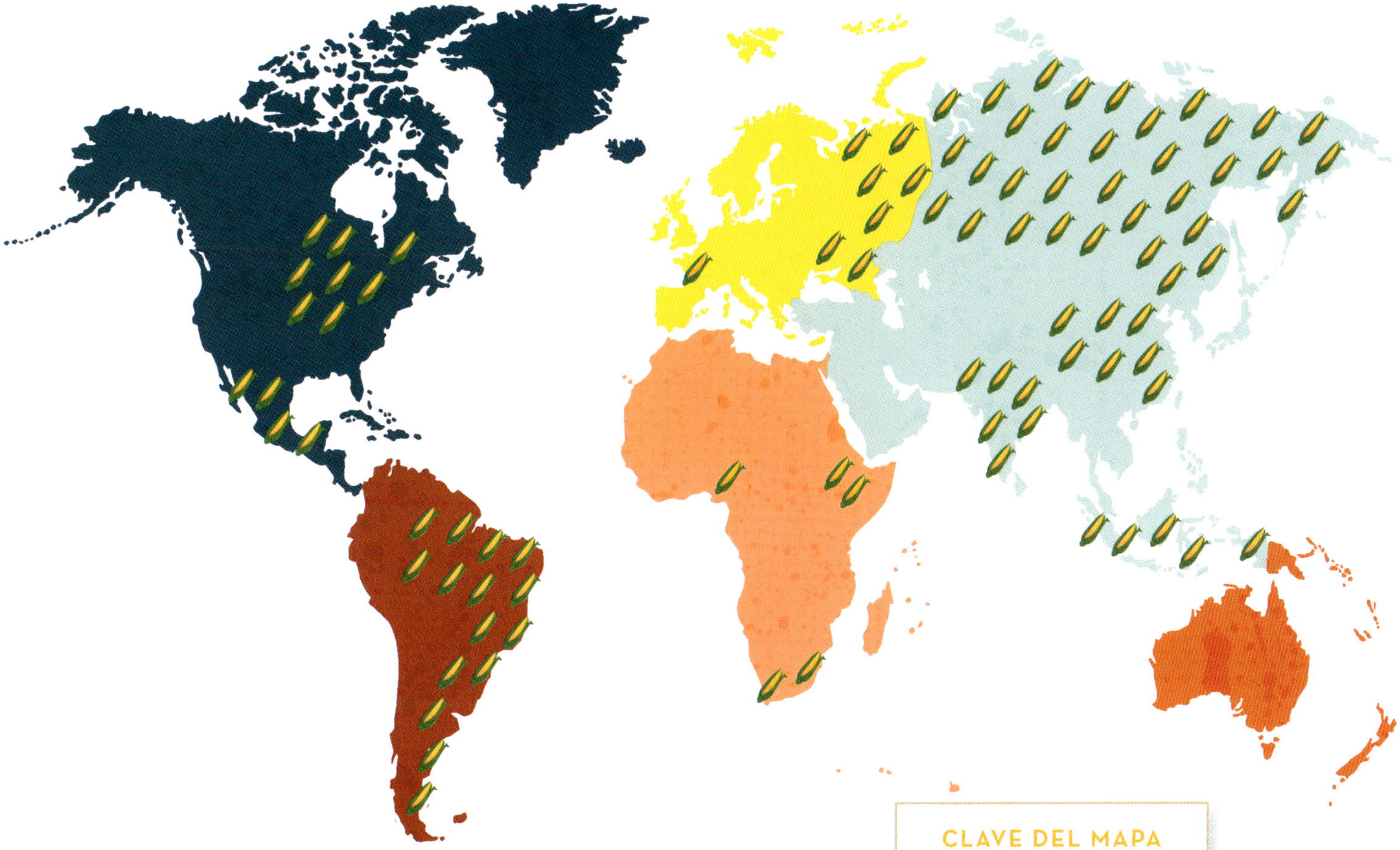

CLAVE DEL MAPA

Zonas principales de cultivo de maíz

GLOSARIO

cosechadora Máquina que cosecha el maíz cortándolo, separando los granos y colocando el resto de la planta en el campo.

elevador de grano Edificio muy grande que almacena grano.

grano Semilla entera de maíz.

madurar Llegar a ser completamente adulto y estar listo para comer.

nutriente Parte de los alimentos que la gente necesita comer para estar sana.

tolva Parte de una cosechadora donde se almacenan granos como el maíz.

tostar Calentar a fondo.